This Book Belongs To

_____

_____

CAPITAL LETTERS IN CURSIVE

$\mathcal{A}$ $\mathcal{B}$ $\mathcal{C}$ $\mathcal{D}$ $\mathcal{E}$ $\mathcal{F}$ $\mathcal{G}$

$\mathcal{H}$ $\mathcal{I}$ $\mathcal{J}$ $\mathcal{K}$ $\mathcal{L}$ $\mathcal{M}$ $\mathcal{N}$

$\mathcal{O}$ $\mathcal{P}$ $\mathcal{Q}$ $\mathcal{R}$ $\mathcal{S}$ $\mathcal{T}$ $\mathcal{U}$

$\mathcal{V}$ $\mathcal{W}$ $\mathcal{X}$ $\mathcal{Y}$ $\mathcal{Z}$

NOTE

Trace over the dotted letters on the following pages then try writing the letters on your own in the blank space areas.

There are additional blank lined pages at the end of this workbook for more practice time.

lowercase letters in cursive

a b c d e f g h

i j k l m n o

p q r s t u v

w x y z

Numbers in cursive

0 1 2 3 4

5 6 7 8 9

10

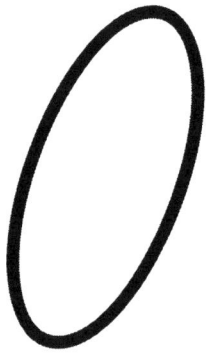

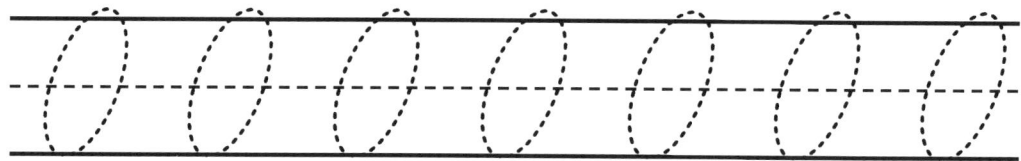

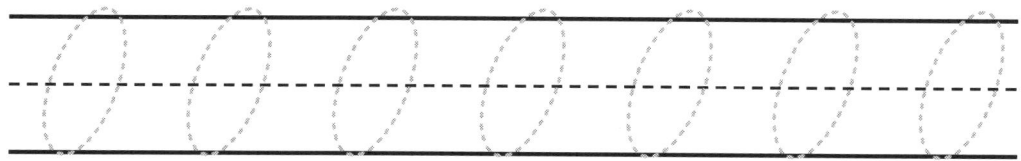

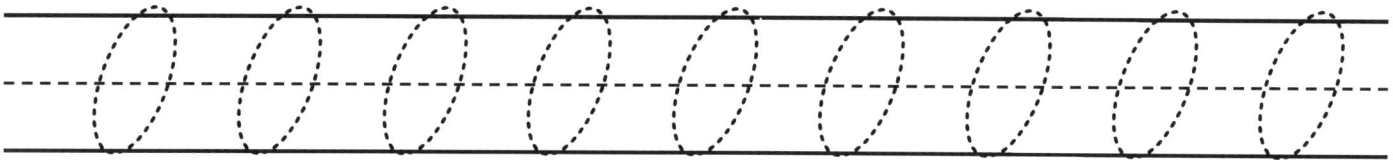

0

ZERO

O

O O O O O O O

O O O O O O O

O O O O O O O O O

Zero Zero Zero

Zero Zero

Zero Zero Zero

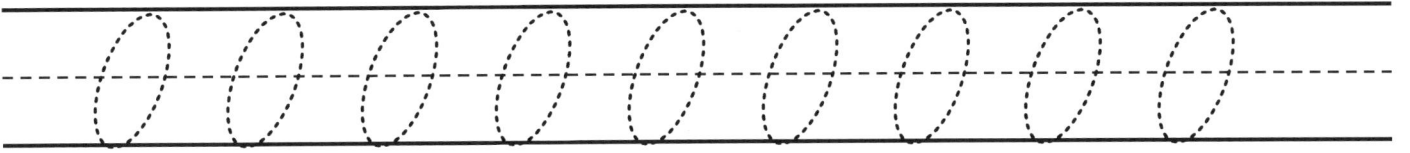

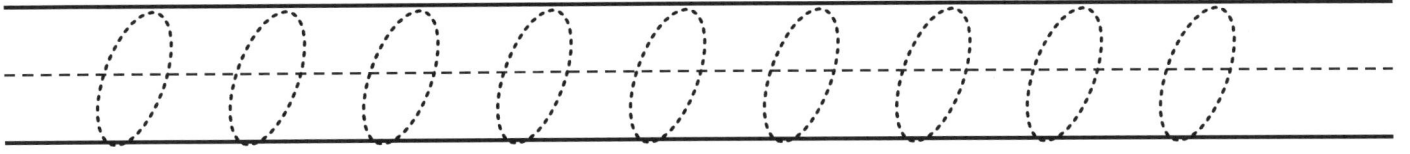

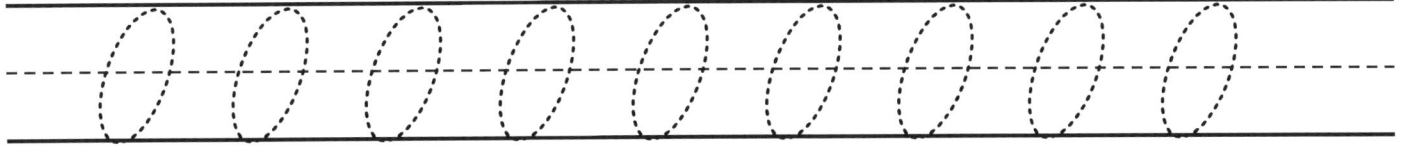

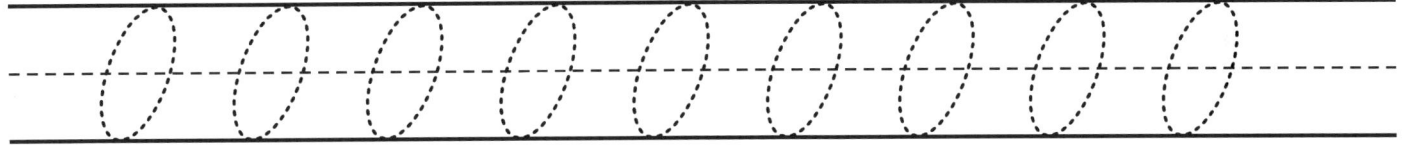

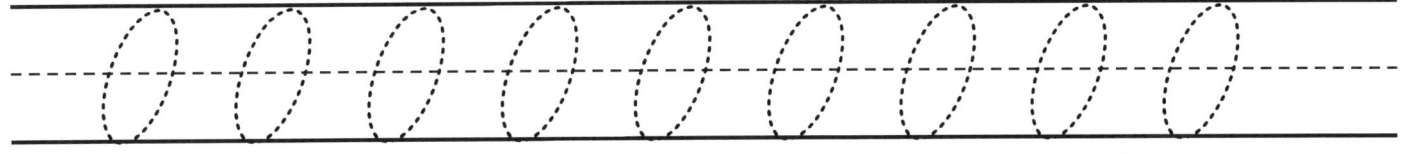

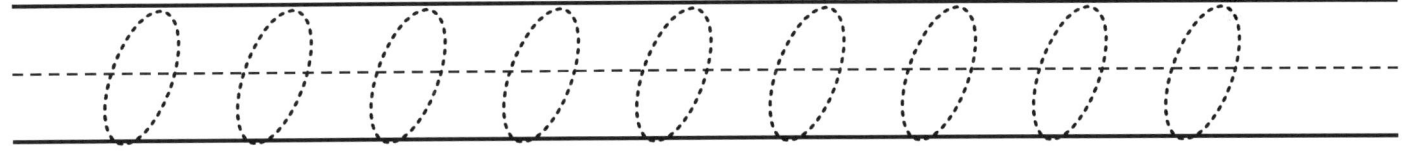

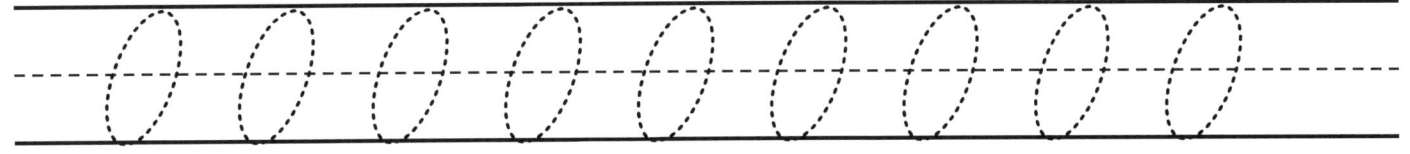

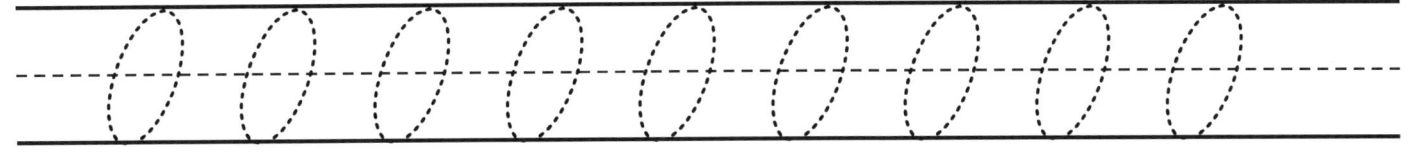

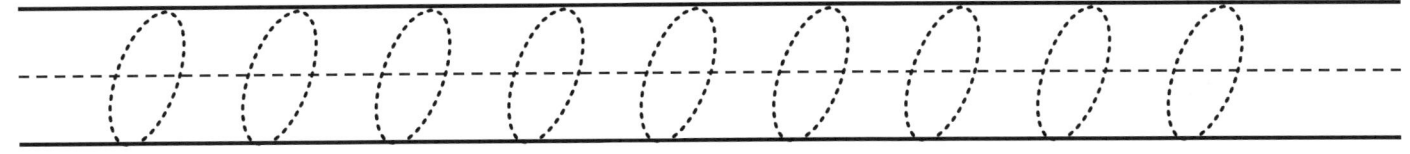

1

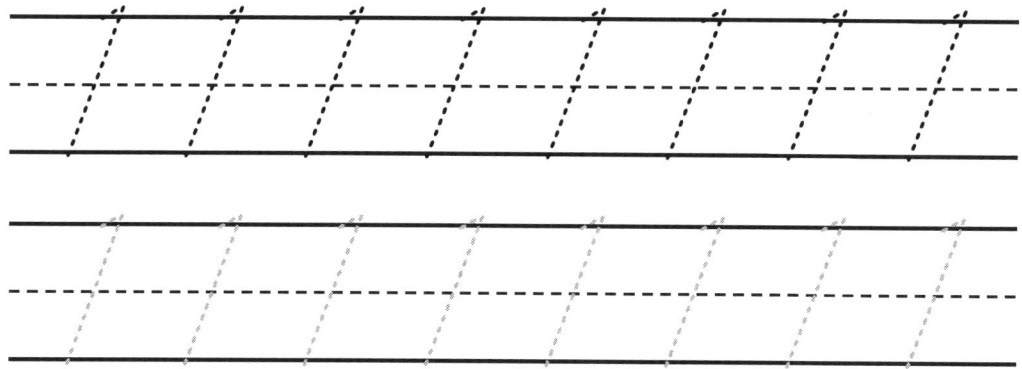

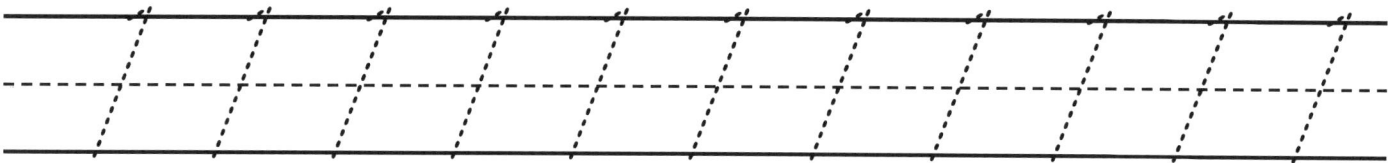

One

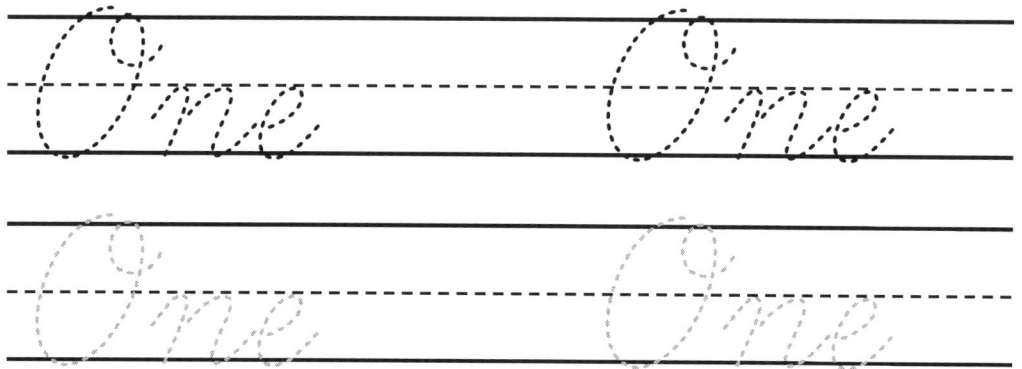

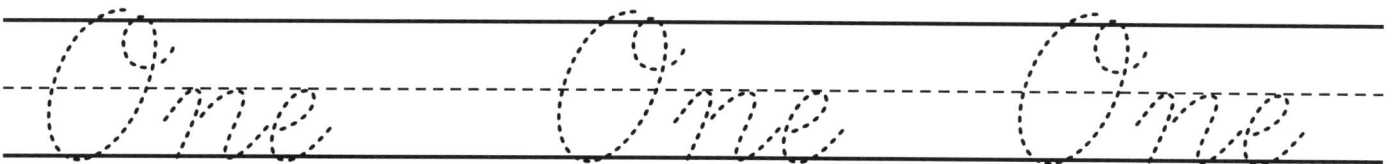

1 1 1 1 1 1 1 1 1 1 1

1 1 1 1 1 1 1 1 1 1 1

1 1 1 1 1 1 1 1 1 1 1

1 1 1 1 1 1 1 1 1 1 1

1 1 1 1 1 1 1 1 1 1 1

1 1 1 1 1 1 1 1 1 1 1

1 1 1 1 1 1 1 1 1 1 1

1 1 1 1 1 1 1 1 1 1 1

1 1 1 1 1 1 1 1 1 1 1

2

TWO

2

2 2 2 2 2 2

2 2 2 2 2

2 2 2 2 2 2 2 2 2

Two

Two Two Two

Two Two Two

Two Two Two Two

3 THREE

3

3 3 3 3 3 3 3 3

3 3 3 3 3 3 3 3

3 3 3 3 3 3 3 3 3 3

Three

Three Three

Three Three

Three Three Three

3 3 3 3 3 3 3 3 3

3 3 3 3 3 3 3 3 3

3 3 3 3 3 3 3 3 3

3 3 3 3 3 3 3 3 3

3 3 3 3 3 3 3 3 3

3 3 3 3 3 3 3 3 3

3 3 3 3 3 3 3 3 3

3 3 3 3 3 3 3 3 3

3 3 3 3 3 3 3 3 3

4

4 4 4 4 4 4 4 4

4 4 4 4 4 4 4 4

4 4 4 4 4 4 4 4 4

Four

Four Four

Four Four

Four Four Four

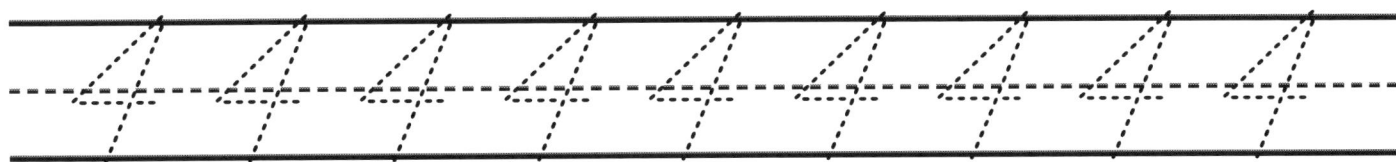

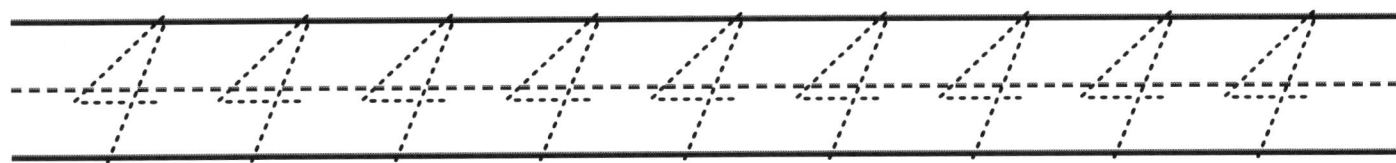

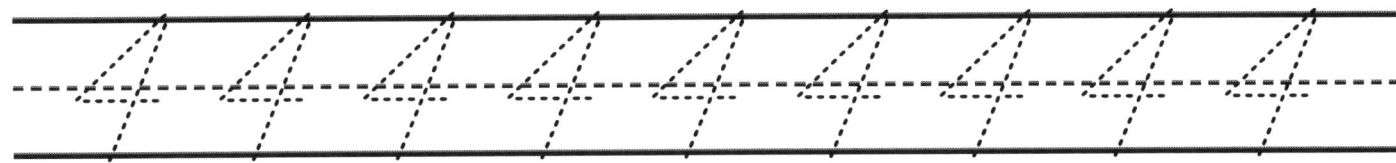

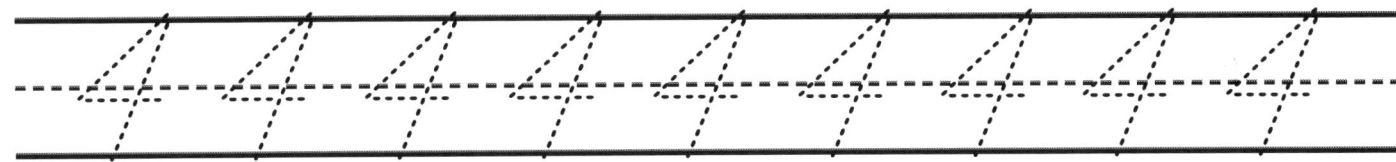

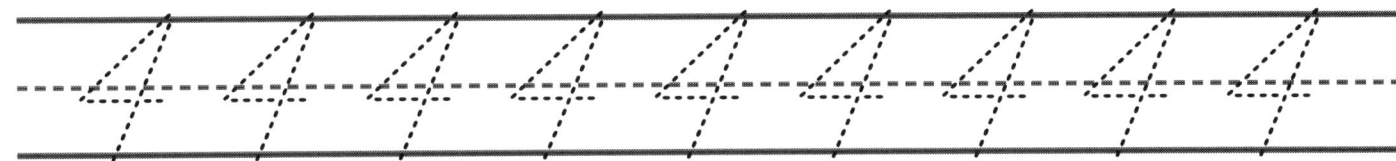

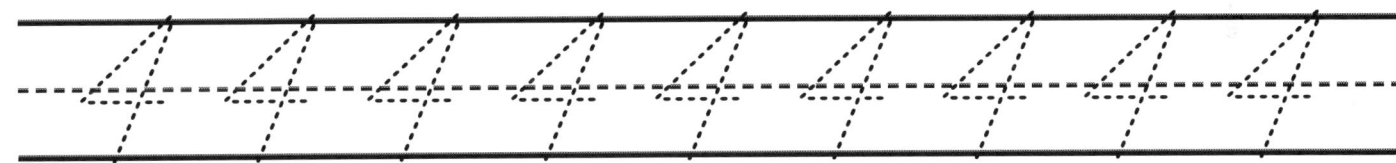

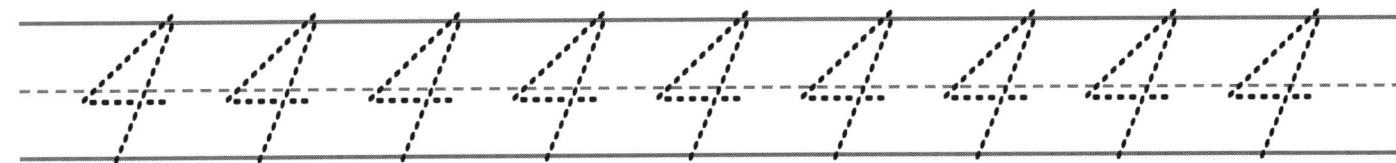

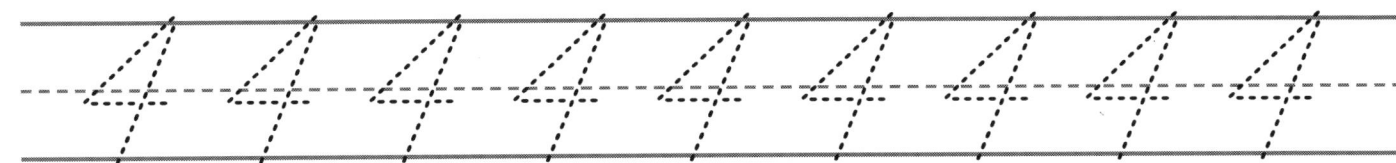

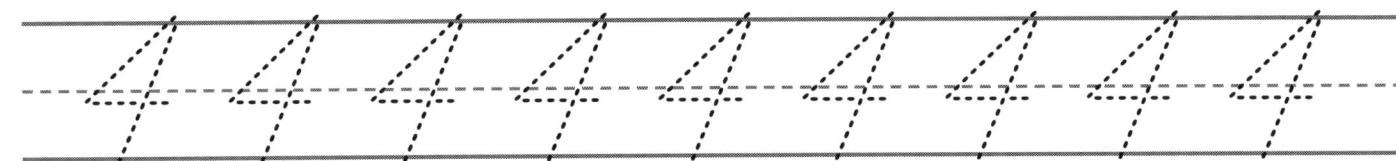

5

FIVE

5

5 5 5 5 5 5 5

5 5 5 5 5 5 5

5 5 5 5 5 5 5 5 5

Five

Five Five

Five Five

Five Five Five

5 5 5 5 5 5 5 5 5

5 5 5 5 5 5 5 5 5

5 5 5 5 5 5 5 5 5

5 5 5 5 5 5 5 5 5

5 5 5 5 5 5 5 5 5

5 5 5 5 5 5 5 5 5

5 5 5 5 5 5 5 5 5

5 5 5 5 5 5 5 5 5

5 5 5 5 5 5 5 5 5

6

SIX

6

6 6 6 6 6 6

6 6 6 6 6

6 6 6 6 6 6 6 6 6

Six

Six Six Six

Six Six Six

Six Six Six Six

6 6 6 6 6 6 6 6 6

6 6 6 6 6 6 6 6 6

6 6 6 6 6 6 6 6 6

6 6 6 6 6 6 6 6 6

6 6 6 6 6 6 6 6 6

6 6 6 6 6 6 6 6 6

6 6 6 6 6 6 6 6 6

6 6 6 6 6 6 6 6 6

6 6 6 6 6 6 6 6 6

7

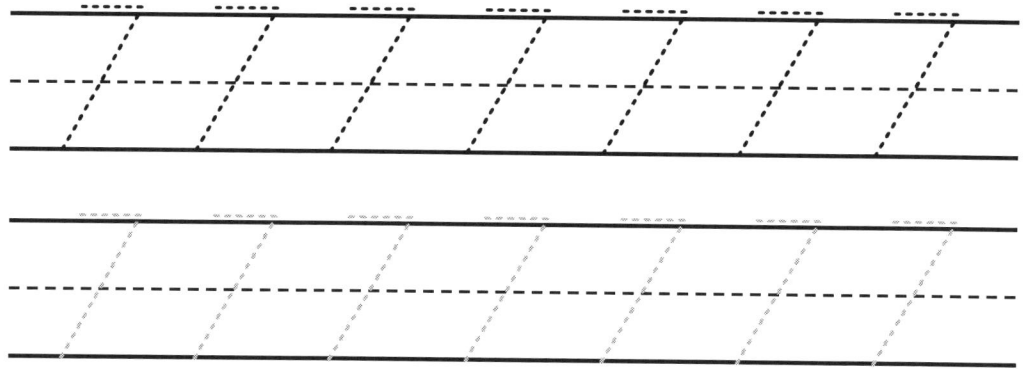

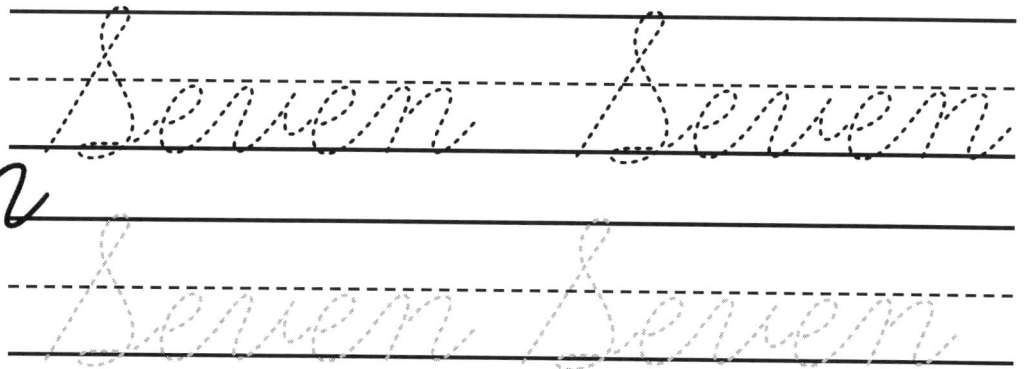

Seven

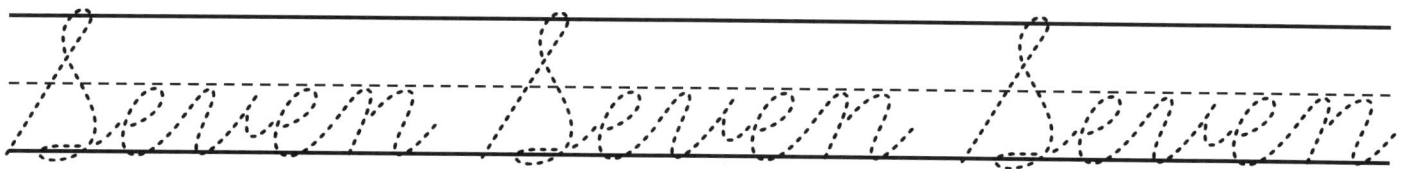

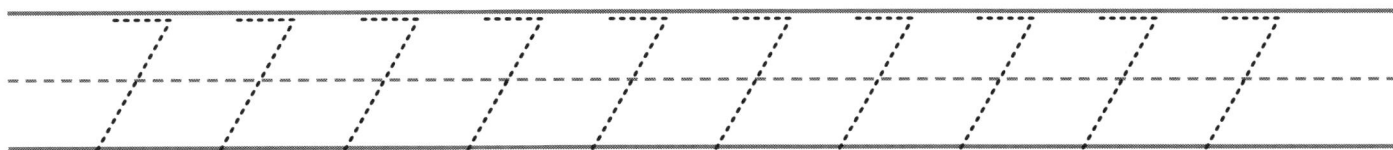

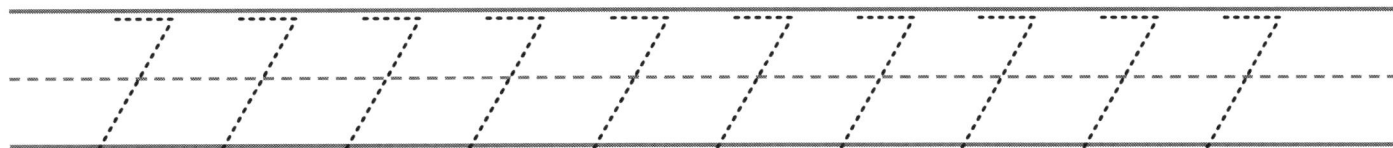

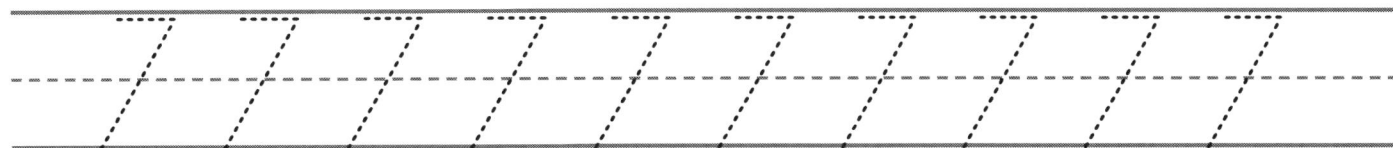

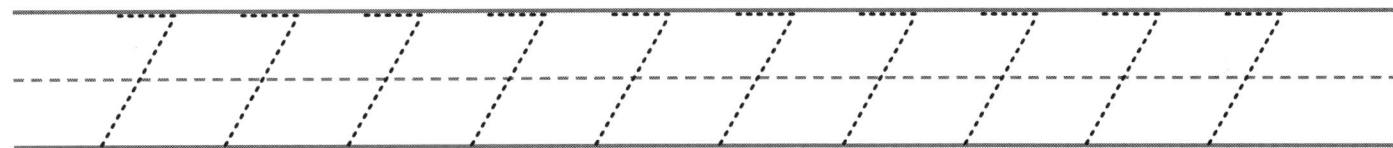

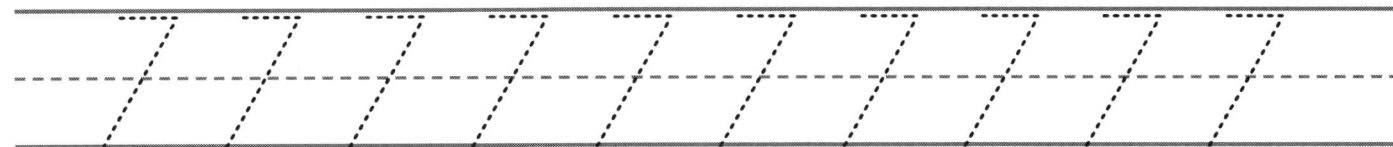

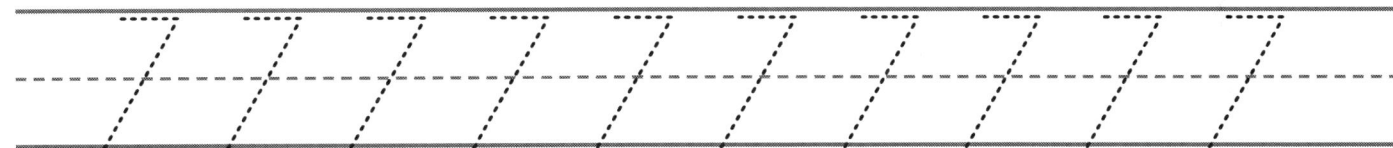

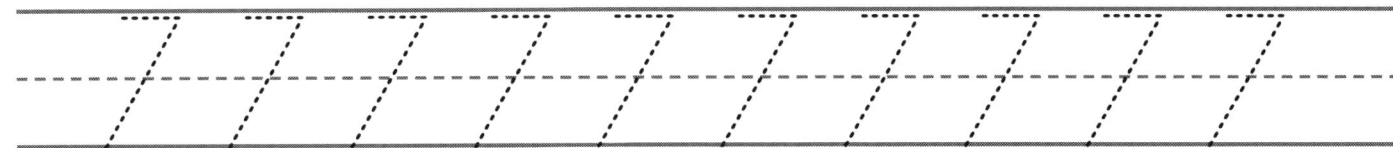

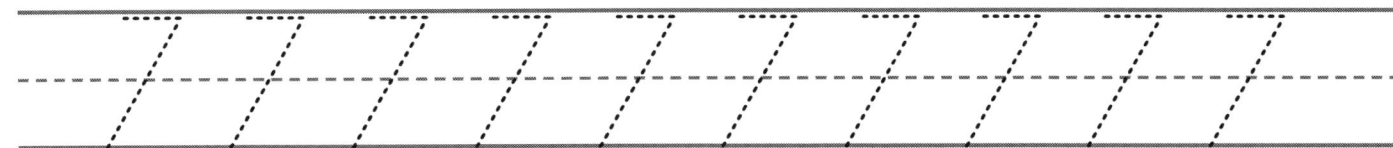

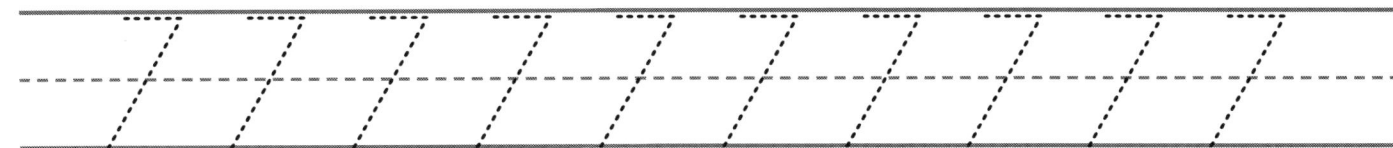

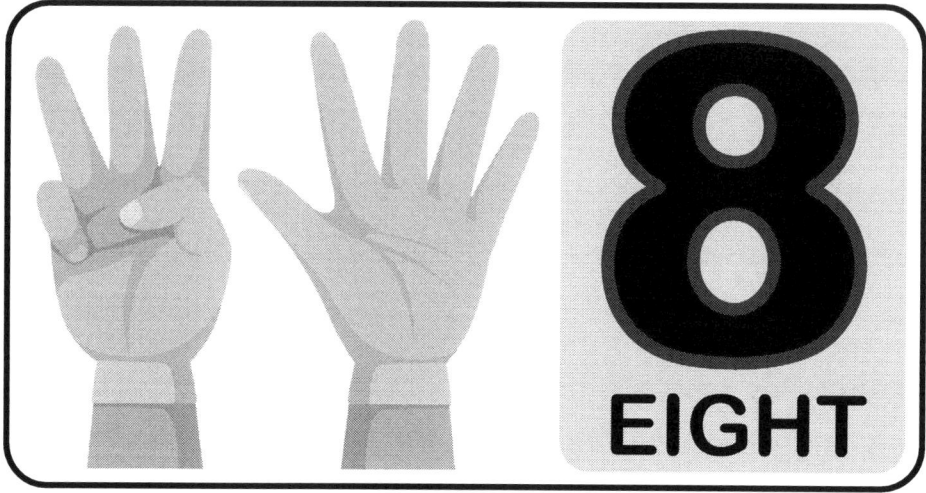

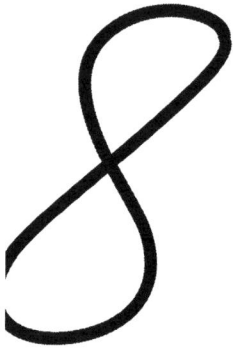

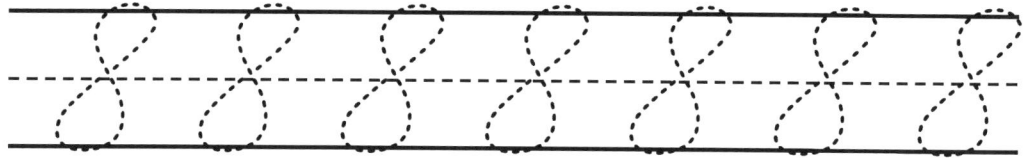

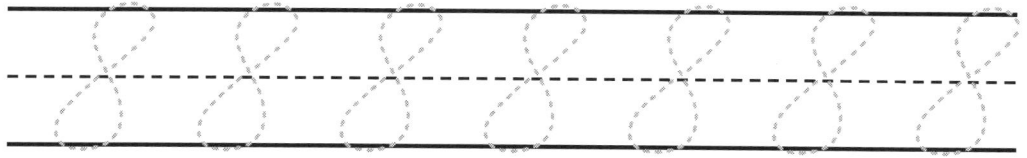

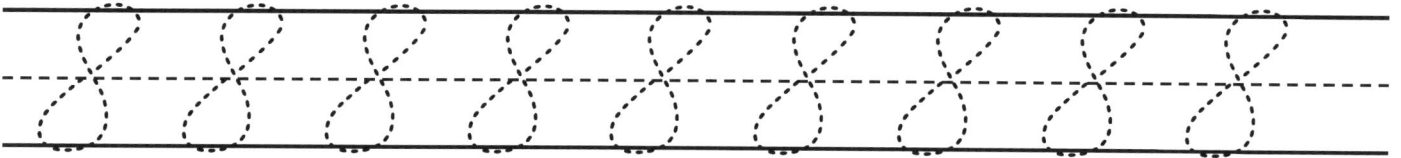

8

8 8 8 8 8 8 8

8 8 8 8 8 8 8

8 8 8 8 8 8 8 8 8

Eight

Eight   Eight

Eight   Eight

Eight   Eight   Eight

9

NINE

9

Nine

10 **TEN**

10

10 10 10 10

10 10 10

10 10 10 10 10 10 10

Ten

Ten Ten Ten

Ten Ten Ten

Ten Ten Ten Ten

10 10 10 10 10 10 10

10 10 10 10 10 10 10

10 10 10 10 10 10 10

10 10 10 10 10 10 10

10 10 10 10 10 10 10

10 10 10 10 10 10 10

10 10 10 10 10 10 10

10 10 10 10 10 10 10

10 10 10 10 10 10 10

Letters

Uppercase

&

Lowercase

a a a a a a a a a

a a a a a a a a a

a a a a a a a a a

a a a a a a a a a

a a a a a a a a a

a a a a a a a a a

𝐵 𝐵 𝐵 𝐵 𝐵 𝐵 𝐵 𝐵 𝐵

𝐵 𝐵 𝐵 𝐵 𝐵 𝐵 𝐵 𝐵

𝐵 𝐵 𝐵 𝐵 𝐵 𝐵 𝐵 𝐵

𝑏 𝑏 𝑏 𝑏 𝑏 𝑏 𝑏 𝑏 𝑏

𝑏 𝑏 𝑏 𝑏 𝑏 𝑏 𝑏 𝑏 𝑏

𝑏 𝑏 𝑏 𝑏 𝑏 𝑏 𝑏 𝑏 𝑏

C C C C C C C C C C

C C C C C C C C C C

C C C C C C C C C C

c c c c c c c c c c c

c c c c c c c c c c c

c c c c c c c c c c c

D D D D D D D

D D D D D D D

D D D D D D D

d d d d d d d d d

d d d d d d d d d

d d d d d d d d d

ℰ ℰ ℰ ℰ ℰ ℰ ℰ ℰ ℰ ℰ

ℰ ℰ ℰ ℰ ℰ ℰ ℰ ℰ ℰ ℰ

ℰ ℰ ℰ ℰ ℰ ℰ ℰ ℰ ℰ ℰ

e e e e e e e e e e e e

e e e e e e e e e e e e

e e e e e e e e e e e e

$\mathcal{F}$ $\mathcal{F}$ $\mathcal{F}$ $\mathcal{F}$ $\mathcal{F}$ $\mathcal{F}$ $\mathcal{F}$ $\mathcal{F}$ $\mathcal{F}$

$\mathcal{F}$ $\mathcal{F}$ $\mathcal{F}$ $\mathcal{F}$ $\mathcal{F}$ $\mathcal{F}$ $\mathcal{F}$ $\mathcal{F}$

$\mathcal{F}$ $\mathcal{F}$ $\mathcal{F}$ $\mathcal{F}$ $\mathcal{F}$ $\mathcal{F}$ $\mathcal{F}$ $\mathcal{F}$

f f f f f f f f f f f f f f

f f f f f f f f f f f f f f

f f f f f f f f f f f f f f

G G G G G G G G G

G G G G G G G G G

G G G G G G G G

g g g g g g g g g

g g g g g g g g g

g g g g g g g g g

$\mathcal{H}$ $\mathcal{H}$ $\mathcal{H}$ $\mathcal{H}$ $\mathcal{H}$ $\mathcal{H}$ $\mathcal{H}$ $\mathcal{H}$ $\mathcal{H}$ $\mathcal{H}$

$\mathcal{H}$ $\mathcal{H}$ $\mathcal{H}$ $\mathcal{H}$ $\mathcal{H}$ $\mathcal{H}$ $\mathcal{H}$ $\mathcal{H}$ $\mathcal{H}$

$\mathcal{H}$ $\mathcal{H}$ $\mathcal{H}$ $\mathcal{H}$ $\mathcal{H}$ $\mathcal{H}$ $\mathcal{H}$ $\mathcal{H}$ $\mathcal{H}$

h h h h h h h h h h

h h h h h h h h h

h h h h h h h h h

l *l* *l* *l* *l* *l* *l* *l* *l*

l *l* *l* *l* *l* *l* *l* *l* *l*

l *l* *l* *l* *l* *l* *l* *l* *l*

i *i* *i* *i* *i* *i* *i* *i* *i* *i* *i* *i*

i *i* *i* *i* *i* *i* *i* *i* *i* *i* *i* *i*

i *i* *i* *i* *i* *i* *i* *i* *i* *i* *i* *i*

$\mathcal{J}$ $\mathcal{J}$ $\mathcal{J}$ $\mathcal{J}$ $\mathcal{J}$ $\mathcal{J}$ $\mathcal{J}$ $\mathcal{J}$ $\mathcal{J}$ $\mathcal{J}$

$\mathcal{J}$ $\mathcal{J}$ $\mathcal{J}$ $\mathcal{J}$ $\mathcal{J}$ $\mathcal{J}$ $\mathcal{J}$ $\mathcal{J}$ $\mathcal{J}$

$\mathcal{J}$ $\mathcal{J}$ $\mathcal{J}$ $\mathcal{J}$ $\mathcal{J}$ $\mathcal{J}$ $\mathcal{J}$ $\mathcal{J}$ $\mathcal{J}$

j j j j j j j j j j j j j

j j j j j j j j j j j j j

j j j j j j j j j j j j j

K K K K K K K K K K

K K K K K K K K K K

K K K K K K K K K K

k k k k k k k k k k

k k k k k k k k k k

k k k k k k k k k k

$\mathcal{L}$ $\mathcal{L}$ $\mathcal{L}$ $\mathcal{L}$ $\mathcal{L}$ $\mathcal{L}$ $\mathcal{L}$ $\mathcal{L}$ $\mathcal{L}$

$\mathcal{L}$ $\mathcal{L}$ $\mathcal{L}$ $\mathcal{L}$ $\mathcal{L}$ $\mathcal{L}$ $\mathcal{L}$ $\mathcal{L}$ $\mathcal{L}$

$\mathcal{L}$ $\mathcal{L}$ $\mathcal{L}$ $\mathcal{L}$ $\mathcal{L}$ $\mathcal{L}$ $\mathcal{L}$ $\mathcal{L}$

$\mathscr{l}$ $\mathscr{l}$ $\mathscr{l}$ $\mathscr{l}$ $\mathscr{l}$ $\mathscr{l}$ $\mathscr{l}$ $\mathscr{l}$ $\mathscr{l}$ $\mathscr{l}$ $\mathscr{l}$

$\mathscr{l}$ $\mathscr{l}$ $\mathscr{l}$ $\mathscr{l}$ $\mathscr{l}$ $\mathscr{l}$ $\mathscr{l}$ $\mathscr{l}$ $\mathscr{l}$ $\mathscr{l}$ $\mathscr{l}$

n n n n n n n n

m m m m m m m

m m m m m m m

m m m m m m m

m m m m m m m

m m m m m m m

m m m m m m m

n n n n n n n n

n n n n n n n n

n n n n n n n n

n n n n n n n n

n n n n n n n n

n n n n n n n n

O O O O O O O O O

O O O O O O O O

O O O O O O O O

O O O O O O O O O O

O O O O O O O O O O

O O O O O O O O O O

p ρ ρ ρ ρ ρ ρ ρ ρ

ρ ρ ρ ρ ρ ρ ρ ρ

ρ ρ ρ ρ ρ ρ ρ ρ

p ρ ρ ρ ρ ρ ρ ρ ρ

ρ ρ ρ ρ ρ ρ ρ ρ

ρ ρ ρ ρ ρ ρ ρ ρ

Q

Q Q Q Q Q Q Q Q Q Q Q Q Q Q Q Q Q Q

Q Q Q Q Q Q Q Q Q Q Q Q Q Q Q Q Q Q

Q Q Q Q Q Q Q Q Q Q Q Q Q Q Q Q Q

q

q q q q q q q q q q q q q q q q q q q

q q q q q q q q q q q q q q q q q q

q q q q q q q q q q q q q q q q q q

R R R R R R R R

R R R R R R R R

R R R R R R R R

r r r r r r r r r r r

r r r r r r r r r r

r r r r r r r r r r

T T T T T T T T T

T T T T T T T T T

T T T T T T T T T

t t t t t t t t t t t

t t t t t t t t t t t

t t t t t t t t t t t

$\mathcal{U}$ $\mathcal{U}$ $\mathcal{U}$ $\mathcal{U}$ $\mathcal{U}$ $\mathcal{U}$ $\mathcal{U}$ $\mathcal{U}$ $\mathcal{U}$

$\mathcal{U}$ $\mathcal{U}$ $\mathcal{U}$ $\mathcal{U}$ $\mathcal{U}$ $\mathcal{U}$ $\mathcal{U}$ $\mathcal{U}$ $\mathcal{U}$

$\mathcal{U}$ $\mathcal{U}$ $\mathcal{U}$ $\mathcal{U}$ $\mathcal{U}$ $\mathcal{U}$ $\mathcal{U}$ $\mathcal{U}$ $\mathcal{U}$

u u u u u u u u u

u u u u u u u u u

u u u u u u u u u

$\mathcal{V}$ $\mathcal{V}$ $\mathcal{V}$ $\mathcal{V}$ $\mathcal{V}$ $\mathcal{V}$ $\mathcal{V}$ $\mathcal{V}$ $\mathcal{V}$ $\mathcal{V}$

$\mathcal{V}$ $\mathcal{V}$ $\mathcal{V}$ $\mathcal{V}$ $\mathcal{V}$ $\mathcal{V}$ $\mathcal{V}$ $\mathcal{V}$ $\mathcal{V}$ $\mathcal{V}$

$\mathcal{V}$ $\mathcal{V}$ $\mathcal{V}$ $\mathcal{V}$ $\mathcal{V}$ $\mathcal{V}$ $\mathcal{V}$ $\mathcal{V}$ $\mathcal{V}$ $\mathcal{V}$

u u u u u u u u

u u u u u u u u

u u u u u u u u

$\mathcal{W}$ $\mathcal{W}$ $\mathcal{W}$ $\mathcal{W}$ $\mathcal{W}$

$\mathcal{W}$ $\mathcal{W}$ $\mathcal{W}$ $\mathcal{W}$ $\mathcal{W}$

$\mathcal{W}$ $\mathcal{W}$ $\mathcal{W}$ $\mathcal{W}$ $\mathcal{W}$

w w w w w w w

w w w w w w w

w w w w w w

$\mathcal{X}$ $\mathcal{X}$ $\mathcal{X}$ $\mathcal{X}$ $\mathcal{X}$ $\mathcal{X}$ $\mathcal{X}$ $\mathcal{X}$

$\mathcal{X}$ $\mathcal{X}$ $\mathcal{X}$ $\mathcal{X}$ $\mathcal{X}$ $\mathcal{X}$ $\mathcal{X}$ $\mathcal{X}$

$\mathcal{X}$ $\mathcal{X}$ $\mathcal{X}$ $\mathcal{X}$ $\mathcal{X}$ $\mathcal{X}$ $\mathcal{X}$ $\mathcal{X}$

x x x x x x x x

x x x x x x x x

x x x x x x x x

Y Y Y Y Y Y Y Y Y

Y Y Y Y Y Y Y Y Y

Y Y Y Y Y Y Y Y Y

y y y y y y y y

y y y y y y y y

y y y y y y y y

More Practice?

Sentences From A – Z

A a

Animals are cute

Animals are cute

A a

Australia is big

Australia is big

B b

Bears love honey

Bears love honey

B b

Baby shark

Baby shark

C c

Cats sleep much

Cats sleep much

C c

Catch the ball

Catch the ball

D d

Doctors are heroes

Doctors are heroes

D d

Dad is dancing

Dad is dancing

E e

Eat my cake

Eat my cake

E e

Eva is a pretty name

Eva is a pretty name

F f

How are you ?

How are you ?

F f

Heidi is my friend

Heidi is my friend

I I

I love my parents

I love my parents

I i

Internet is fast

Internet is fast

J j

Jam is delicious

Jam is delicious

J j

Joking with you!

Joking with you!

K k

Karate kid

Karate kid

K k

King Kong

King Kong

L l

Life is beautiful

Life is beautiful

L l

Light is white

Light is white

M m

Mom is my hero

Mom is my hero

M m

My pillow is pink

My pillow is pink

N n

Nights are dark

Nights are dark

N n

Norway is beautiful

Norway is beautiful

O o

Oranges are tasty

Oranges are tasty

O o

oatmeal is healthy

oatmeal is healthy

P p

Park the car!

Park the car!

P p

Peaceful land

Peaceful land

Q q

Quitters never win

Quitters never win

Q q

Quote of the day

Quote of the day

R r

Right or left ?

Right or left ?

R r

Ring the bell

Ring the bell

R r

Right or left ?

Right or left ?

R r

Ring the bell

Ring the bell

S s

Soccer is cool

Soccer is cool

S s

Salt is white

Salt is white

T t

Take me to Paris

Take me to Paris

T t

Tell me a joke

Tell me a joke

U u

Unicorns are cute

Unicorns are cute

U u

United Kingdom

United Kingdom

V v

Vans are big

Vans are big

V v

Video games

Video games

W w

Watch me dance

Watch me dance

W w

What a beautiful sky

What a beautiful sky

X x

X-rays are cool

X-rays are cool

X x

Xenon is a gas

Xenon is a gas

Y y

Yummy food

Yummy food

Y y

You are my friend

You are my friend

Z z

Zebras are fast

Zebras are fast

Z z

Zagreb is a city

Zagreb is a city

I
CAN
WRITE

I can write

I can write

I can write

I can write

I can write

I can write

I can write

I can write

I can write

I can write

I can write

I can write

I can write

I can write

I can write

I can write

I can write

I can write

I can write

I can write

I can write

I can write

I can write

I can write

I can write

I can write

I can write

I can write

I can write

I can write

I can write

I can write

I can write

I can write

I can write

I can write

I can write

I can write

I can write

Made in the USA
Las Vegas, NV
06 September 2021